कुछ लफ्ज़
मेरी कलम से

पूजा आनंद

Copyright © Pooja Anand
All Rights Reserved.

This book has been published with all efforts taken to make the material error-free after the consent of the author. However, the author and the publisher do not assume and hereby disclaim any liability to any party for any loss, damage, or disruption caused by errors or omissions, whether such errors or omissions result from negligence, accident, or any other cause.

While every effort has been made to avoid any mistake or omission, this publication is being sold on the condition and understanding that neither the author nor the publishers or printers would be liable in any manner to any person by reason of any mistake or omission in this publication or for any action taken or omitted to be taken or advice rendered or accepted on the basis of this work. For any defect in printing or binding the publishers will be liable only to replace the defective copy by another copy of this work then available.

प्रकाश कौर

मैं अपना कार्य अपनी सासु माँ को समर्पित करती हूं। क्यूंकि हर व्यक्ति की सफलता के पीछे कोई ना कोई जरूर होता है। और मैं मेरी सफलता का श्रेय अपनी सासु माँ " प्रकाश कौर" को देना चाहती हूं। उन्होंने मुझे हमेशा आगे बढ़ने और कभी ना रुकने के लिए प्रोत्साहित किया है।

क्रम-सूची

प्रस्तावना vii

लेखिका पूजा आनंद ix

खण्ड 1

1. खुशी और गम 3
2. कल का इंतजार 4
3. नारी 5
4. आजादी दिवस 6
5. बेटी और माँ 7
6. अच्छे अंक - अच्छे इंसान 8
7. पिता - जीवनभर अन्नदाता 10
8. बेटी 11
9. बेटियाँ 12
10. दो बहनें 13
11. मेरा बचपन 14
12. माँ है त्याग, माँ है ममता 15
13. पंक्ति 16
14. जहाँ खुदा नहीं होता 17
15. हार कहाँ हमने मानी है 18
16. मौन हूँ अनभिज्ञ नही 19
17. चिंता और फिक्र 20
18. न जाने कब तक 21
19. लहरों की तरह 22

• v •

क्रम-सूची

20. ये टेड़ा मेडा सा सफर है	23
21. औरत	24
22. माँ	25
23. मैं आईना हूँ	26
24. मोह माया	27
25. सर्दी की सर्द हवाएं	28
26. कलम	29
27. दो राहे	30
28. बारिश	31
29. दिल के ख्वाब	32
30. फुरसत	33
31. जुबां	34
32. उलझन	35
33. जिंदगी के सफर	36
34. जख्म	37
35. जिंदगी	38
36. मुस्कुराइए जनाब	40
37. हंसते पल	41
38. दीवार	42
39. ये पता भी नही चलता	43
40. समुन्दर	44

प्रस्तावना

कुछ लफ्ज ...... मेरी कलम से

यह कथन बिल्कुल सत्य है कि किताबे खामोश रहकर भी बहुत कुछ बोल पाती है और पाठक के मन और मस्तिष्क पर एक अमिट छाप छोड़ जाती है । और भावों को यदि कविता का रूप दे दिया जाए तो वो और अधिक आकर्षण का केंद्र बन जाती है । भावों को एक सुर मिल जाता है और कम शब्दो में एक बड़ी बात व्यक्त होती है ।कविताओं के इस संग्रह में लेखिका ने जीवन के विभिन्न पहलुओं को दर्शाया है। कलम के महत्व को बताया है। कुछ गंभीर और कुछ हास्यपद तथ्यो का संगम है ये संग्रह। बहुत सरल शब्दो मे लेखिका ने नारी शक्ति के महत्व को उजागर किया है और जीवन में माता पिता और अलग अलग रिश्तों का कितना महत्व है इस पर भी प्रकाश डाला है।

लेखिका पूजा आनंद

पूजा आनंद

इन कविताओं के संग्रह को प्रस्तुत करने वाली लेखिका पूजा आनंद 43 वर्ष की है। इनका जन्म 6 मार्च 1979 को हरियाणा के ही एक छोटे से गांव में हुआ। बचपन से ही इनका कला के प्रति असीम प्रेम था। शिक्षा के क्षेत्र में ये पिछले 20 वर्ष से है। पारिवारिक और शैक्षणिक दोनो जिम्मेदारियों को निभाते हुए

इन्होंने लेखन के साथ अपने आप को बांध कर रखा । हरियाणा के यमुनानगर जिले से संबंध रखने वाली और यही के ही कॉलेज में वाणिज्य विभाग में सहायक प्रोफेसर के पद पर नियुक्त पूजा आनंद को अपने विचारो को कलम के माध्यम से प्रस्तुत करने का शौंक बचपन से ही था। परंतु इस कला को और निखारने का कार्य वास्तव में इन्ही के विभाग की अध्यापिकाओ ने किया। इन्हे इस बात का एहसास करवाया कि इनमे ऐसा गुण है कि ये भी कुछ अच्छा लिख सकती है। इसके पश्चात ही इन्होंने अपने भावों को कलम के माध्यम से शब्दो में पिरोना आरंभ किया । शिक्षा प्रदान करने के साथ साथ इन्होंने लेखन के क्षेत्र में अपने योगदान को अपने जीवन का उद्‌देश्य बना लिया । इन्होंने अपनी कविताओं में नारी शक्ति के महत्व को बताया है। जीवन के विभिन पहलुओं को अपने कविताओं के माध्यम से दर्शाया है। हास्यारस का भी इनकी कविताओं में एक विशेष स्थान रहा है। सरल और सटीक शब्द इनकी कविताओं को परिपूर्ण करते है।

A book by

Penaaki

1. खुशी और गम

खुशियो और गमो के साथी होते है ये अपने
अपने है तो सजते है आंखों में सुहाने सपने
अपनो से ही प्यार मिले दुलार मिले सत्कार मिले
अपनो से ही घर बाहर सजे कुछ खास मिले संसार खिले
अपनो से बाहार है संसार हैं त्यौहार है
अपने है तो दुख में भी साथ खड़ी एक कतार है
गर अपने है तो खुलकर जी सकते है हम
गर अपने है तो हर मुसीबत से लड़ सकते है हम
अपनो से ही दिल की सांझा कर पाते हर बात हम
संग अपने है तो चैन से सो पाते हर रात हम
कुछ भी पाना मुश्किल न होगा गर अपनो का साथ है
संग अपने है तो सूखे में भी हो जाती बरसात है
मेरे अपने मेरे है जिनके संग सजाये सपने है
और हकीकत बन जाते सपने क्योकि संग मेरे अपने है।।

स्वरचित

पूजा आनंद

2. कल का इंतजार

हमारा आज हमे संतुष्ट नही कर पाता
होता हमे कल का इंतजार है
शायद कल में कुछ बदल जाये
और मिल जाये वो जिसका इंतजार है
कल आज कल की ही होती है जिंदगी सारी
कुछ खोया कुछ पाया और कुछ और पाने की तैयारी
इस चक्रव्यूह से निकलना होता नही आसान
फंसा बुरी तरह इसके अंदर ये इंसान
मालूम हम सबको है कि होना एक ही अंत है
फिर भी दौड़े जा रहे मानो रहना यहाँ पर्यंत है।।
स्वरचित
पूजा आनंद

3. नारी

नारी ये शब्द सुनते ही मन मे एक छवि सी बन जाती है
ये वो शक्ति है जो हर परिस्थिति में रम जाती है
त्याग की देवी होती है ये एक माँ के रूप में
बच्चों को छाया देती खुद खडी कडकती धूप में
जब बनती बेटी तो ये सारे फर्ज निभाती है ये
एक अनजाने घर मे जाकर घुल मिल सी जाती है ये
जिंदगी की किताब के हर पन्ने पर ये नए रूप में होती है
कभी माँ कभी बेटी कभी बहन और कभी पत्नी बनकर
लाखो ख्वाब संजोती है
स्नेह, त्याग, से भरी हुई ये नारी हर ऊंचाई को छू आयी
ऐसे तो नही ये नारी अर्धांगिनी कहलाई।।

स्वरचित

पूजा आनंद

4. आजादी दिवस

आजाद देश का आजादी दिवस आज हम मना रहे
देश हमारा है शायद यही हम जता रहे
क्या हम आज सच मे आजाद है
क्या बजा सच मे आजादी का नाद है
क्या स्वतंत्र कर पाए अपने विचारों को हम
क्या अब मार चुके अपने विकारों को हम
क्या हर इंसान आजादी से जी रहा आज
क्या कही अत्याचार नही रहा आज
क्या संकीर्ण विचारो से उन्मुक्त हो गए हम
क्या काम,क्रोध,मोह,लोभ से मुक्त हो गए हम
क्या दूसरों के दुख से होता हमे भी दुख है
क्या दुसरो की खुशी से मिलता हमे भी सुख है
क्या ऐसा नही लगता कि शायद कम हो गयी आजादी
जो बच्चे खुले मैदानों में खेल पाते थे बन्द कमरो की हो गयी जिंदगी
खुल कर आज भी नही जी पाती नारी
मायके की बंदिशो और ससुराल के कर्तव्यों के बोझ तले दबी उम्र भर सारी।।
स्वरचित
पूजा आनंद

5. बेटी और माँ

बेटी और माँ का रिश्ता करु बयाँ मै कैसे
बड़ा ही प्यारा बहुत अनमोल गहरा इतना सागर जैसे
कुछ मुश्किल हो बेटी पहले माँ को करती याद सदा
माँ से ही दिल की सांझा करती हर बात सदा
माँ की आँखों मे सजते मीठे ख्वाब अपनी बेटी के
चाहती है वो सुखी रहे बस दुख दूर रहे मेरी बेटी से
माँ के आंचल में जो सुख मिलता शायद वो मिलता कही नही
दुआए रहती उसकी साथ सदा चाहे वो रहती दूर सही
भगवान ने कुछ सोचा होगा तो बनाई होगी माँ
ममता, प्यार, त्याग,दुलार खूब भरा होगा फिर बनाई होगी माँ।।

स्वरचित

पूजा आनंद

6. अच्छे अंक - अच्छे इंसान

क्या सीमित है पढाई सिर्फ क़िताबों तक
क्या मिला देगी ये किताबे हमे हमारे ख्वाबो तक
क्या अच्छे अंक लेकर ही हम सीख जाते हैं सदाचार
क्या यही अंक बदल सकते हैं हमारा व्यवहार
क्या आज हमें याद है जो पढा बरसो पहले हमने
क्या जीवन मे वो काम आया जो घण्टो रटा हमने
व्यहवारिक जीवन जीने के लिए काफी नही पढ़ना ही
एक अच्छे इंसान बनने के लिये काफी नही रटना ही
एक पढ़ाई और हमे साथ साथ करनी है
कैसे बने अच्छे इंसान ये तलाश करनी है
दिल मे भरा औरो के लिये प्यार और सत्कार हो
घृणा ,द्वेष जैसे विकारो से मुक्त व्यवहार हो
इतिहास की तारीखों के साथ साथ याद रखो
वो तारीखे जब आपने खुशी दी औरो को
गणित के सूत्रों के साथ याद रखो
वो सूत्र जिनसे पूरी की ख्वाइश औरो की
आदर सत्कार बड़ो का अगर जीवन जा हिस्सा बन जाये
त्याग स्नेह प्यार अगर हर क्षण किस्सा बन जाये
फिर हर इंसान पढा
लिखा होगा चाहे पास नही स्कूली पढ़ाई

जीत जाएगा वो जीवन की हर एक लड़ाई।।
स्वरचित
पूजा आनंद

7. पिता - जीवनभर अन्नदाता

चाहती हूं आज कुछ लिखना एक पिता के बारे में
परन्तु शब्द खत्म हो जाते है शब्दकोश हमारे में
एक पिता जीवनभर अन्नदाता हैं परिवार का
उसका कोई मोल नही ले आओ कोई रत्न संसार का
हमसे ज्यादा हमारे भविष्य का खयाल उसको रहता है
कभी चेहरे पर शिकन नही चाहे जिस हाल में वो रहता है
उंगली पकड़कर चलना उसी ने हमे सिखलाया हैं
बैठाकर अपने कंधों पर सही रास्ता दिखलाया है
पूरी कोशिश करता है पूरे करने को बच्चों के ख्वाब की
खुद काँटो में रह जाये ताकि हो उनकी दुनिया गुलाब सी
माँ यदि पालन करती तो पोषण करता एक पिता
ख्वाब सजाये चाहे माँ पर पूरे करता एक पिता।।

स्वरचित
पूजा आनंद

8. बेटी

मासूम सी एक जान देखना चाहती है दुनिया
उस वक्त का कर रही इंतजार वो
जाने कब हटेगा अंधेरा और
अपने माँ पापा का कर लेगी दीदार वो
पर जानती नही होगा नही ऐसा सवेरा
न हट पायेगा ऐसा अंधेरा
कुचल दिया जाएगा उसे दुनिया देखने से पहले
कुछ भी सोचा नही जायेगा दूर फेंकने से पहले
ये सवाल भी न पूछ पाएगी वो
अपना कसूर भी न जान पाएगी वो
बस एक जवाब इसका है कि क्यो कूड़े में वो लेटी है
क्योंकि वो बेदर्दी दिलो का बेटा नही बेटी है।।
स्वरचित
पूजा आनंद

9. बेटियाँ

बेटों से भी ज्यादा लगती हैं प्यारी बेटियाँ
बेटे अगर दुलारे है तो राजदुलारी बेटियाँ
जिस मापदंड पर खरे नही उतरते बेटे
उससे भी उपर बहुत कुछ कर दिखाती बेटियाँ
अब वो मँजर नही रहा जब सब कुछ होते थे बेटे
अब वो आलम है जिन्दगी है अधूरी बिन बेटियाँ
पहले सब उम्मीदें रखते थे बस बेटो से
पर आज हर ऊंचाई को छू आई हैं बेटियाँ
पराये हो जाते हैं बेटे आज
मगर हमेशा रहती है अपनी बेटियाँ।।
स्वरचित
पूजा आनंद

10. दो बहनें

दो बहनें जब एक ही माँ की कोख से ना पैदा हुई
वो ननद भाभी हुई
जिस रिश्ते के जुड़ने से पहले दोनों तरफ कुछ चाह हुई
वो ननद भाभी हुई
जो बुआ और मामी के रिश्ते के बनने की वजह हुई
वो ननद भाभी हुई
जिस रिश्ते में कभी कभी मीठी सी खटपट की आहट हुई
वो ननद भाभी हुई
जिस रिश्ते की बाते ईमली सी खट्टी और मिश्री सी मीठी हुई
वो ननद भाभी हुई।।
स्वरचित
पूजा आनंद

11. मेरा बचपन

मेरा बचपन तो बहुत हल्का फुल्का था
पर आज का बचपन तो दबा है भारी बस्ते के बोझ तले
आज चाहे बड़ गयी बहुत सुख सुविधाएं
पर वो बचपन मस्ताना था पास नही था कुछ भले
मेरे बचपन मे खुलकर जी सकती थी मैं अपनी जिंदगी
पर आज के बचपन की आजादी पर लग चुकी बंदशी
खेल पाती थी मैं बिना चिंता बिना किसी फ़िक्र के
मेरे खिलोनो की गुड़िया का घर कैसा होगा बस होता था जिक्र ये
पर आज वो खिलोने नही वो गुड़िया नही
हंसी के ठहाके नही मस्ती की फुलझड़ियां नही
एक गहरी नींद भी नही सो सकता आज का बचपन
चिंताएं साथ लेकर सोता है आज का बचपन
खुले मैदानों के खेल नही रहे अब
वो गिल्ली डंडा वो कंचे रो रहे अब
एक छोटे से मोबाइल में खो गया आज का बचपन
हाई टेक स्टाइल हो गया आज का बचपन।।
स्वरचित
पूजा आनंद

12. माँ है त्याग, माँ है ममता

माँ है त्याग, माँ है ममता
माँ है मिठास, माँ है क्षमता
माँ है संपन्न, माँ है जीवन
माँ है विशाल, माँ है उपवन
माँ है संघर्ष, माँ है सरिता
माँ है सुर, माँ है कविता
माँ है देवी, माँ है सलोनी
माँ है शीतल, माँ है मनमोहिनी
मा है आधार, माँ है संस्कार
माँ है प्यार, माँ है संसार
माँ है स्वर्ग, माँ है दर्पण
माँ है अद्भुत, माँ है सम्पर्ण
माँ से ही हमारी पहचान है
तभी तो माँ सबकी जान है
स्वरचित
पूजा आनंद

13. पंक्ति

वो मिलते दिलो के साथ मिलती छते अब नही मिलती कही
वो गर्मी की रात में सोते हुए दिखते चाँद तारो की महफ़िल अब नही सजती कही,
वो छत पर दूर तक फैले बिस्तरों की पंक्ति अब नही बिछती कही
वो पूरे मोहल्ले में बस एक ही टी.वी. के आगे लगी भीड़ अब नही लगती कही,
अब वक्त बदलते अंदाज में हैं
आज के लिए तो वो हमारे खूबसूरत राज से है
नजर आता अब कही अपनापन नही
बस लगता सब पराया पराया सा है
वो सब बाते अब सपना सा लगती है
जिसे रात को देखा और सुबह उठकर
चेहरा मुस्काया से है।।
स्वरचित
पूजा आनंद

14. जहाँ खुदा नहीं होता

कुछ उलझनों से बाहर निकलना आसान नही होता
पास एक छोटी सी दूनिया होती है , साथ पूरा जहाँ नही होता
उस पल मे खुद को अकेला ना समझो
चलना ही पडेगा , साथ हमेशा कारवाँ नहीं होता
अकेले चल कर ही कुछ लोग निकल गए बहुत आगे तक
रोशनी भी मिलेगी ,हमेशा अँधेरे का समा नही होता
कब तक ढुँढोगे तुम सहारा
कोई ऐसी जगह नही,जहाँ खुदा नहीं होता।।
स्वरचित
पूजा आनंद

15. हार कहाँ हमने मानी है

आत्मविश्वास कम नही होगा हमारा
स्वाभिमान हरदम होगा सहारा
हमारे सब्र का कितना बड़ा इम्तिहान हो
पर जिद अब तो ठानी है,पा ही लेंगे अपनी मंजिल
क्योंकि हार कहाँ हमने मानी है
हर बार नई कोशिश होगी
हर बार नया संकल्प होगा
आज हमारा समय नही तो क्या
कल संग सम्पूर्ण जगत होगा
पीछे चल पढेंगे सब क्योंकि
धरा पर कदमो की निशानी है
क्योंकि हार कहाँ हमने मानी है
एक छोटी सी चींटी भी गर अपना लक्ष्य पा जाती है
सूक्ष्म सी ये जीव मगर, एकजुटता इसकी निशानी है
उस चीटी सा बनकर हम भी पा सकते अपनी मंजिल
सफलता की आधारशिला हमारी मेहनत और कुर्बानी है
क्योंकि हार कहाँ हमने मानी है।।
स्वरचित
पूजा आनंद

16. मौन हूँ अनभिज्ञ नही

आज जो दुर्दशा हम देख रहे समाज की
वो शायद देख रहा हर इंसान
पर अंकुश लगाए बैठी हैं शायद सबकी जुबान
करना चाहते बहुत कुछ पर कर सकते नही
बस मौन है पर अनभिज्ञ नही
हजारो मील चले जा रहे पैदल ही
बस अपनो की तलाश है
छोड़ पराया देश बस अपने देश पहुंचने की आस है
भूखे प्यासे पथिक चले जा रहे निज पथ पर
कही रुकने की चाह नही
बस मौन है पर अनभिज्ञ नही
कभी सपनो में भी न सोचा था कि ऐसे भी दिन आएंगे
कुछ खो देंगे अपनो को और कुछ दूर अपनो से रह जाएंगे
आज है बड़ी बड़ी घोषणाएं
फिर भी दिल सबका घबराये
खाने को लाले पड़े, मदिरा पर अंकुश नही
बस मौन है पर अनभिज्ञ नही।।
स्वरचित
पूजा आनंद

17. चिंता और फिक्र

चिंता और फिक्र गर ये हमारे जीने का हिस्सा ही न हो
तो शायद किसी को सुनाने के लिए किसी के पास कोई किस्सा ही न हो
गर सिर्फ खुशिया ही हो फिर भगवान का तो कही जिक्र ही न हो
क्या होगा कैसे होगा इन सवालों की तो फिक्र ही न हो
याद रख पाए हम खुदा को तो तभी जिंदगी में सुख नही होता हरदम
कुछ कांटो से तीखे और और मिश्री से मीठे पलो का ही होता है ये संगम।।

स्वरचित

पूजा आनंद

18. न जाने कब तक

न जाने कब तक
आसमान तक पहुंच गए हैं मगर
धरा अपनी न बचा पाए हम
जिसके ऊपर जली कुछ चिता बनकर
और कुछ को दफना आये हम
कितनी ही मासूम सी परिया मार दी जाती हैं
कभी निर्भया, कभी मनीषा इन दरिंदों के आगे
बस हार सी जाती हैं
न जाने अभी कब तक यही सिलसिला चलता रहेगा
न जाने और अभी कितनी सांसो को रुकना पड़ेगा
उठा लेंगे हम मोमबत्तियां हाथो में अपने
और निकल पड़ेंगे एकजुट होकर सब
मगर कुछ दिन का ही ये सफर होगा
और फिर से भूल जाएंगे हम सब
जब तक फिर कोई जख्म हरा होगा।।
स्वरचित
पूजा आनंद

19. लहरों की तरह

समुंदर में उठती लहरों की तरह
दिल मे भी कुछ हलचल सी होती है
आती तो है वो किनारो तक
मगर फिर से लौटने की फ़ितरत सी होती है
लहरे जो आगे बढ़ना चाहती हैं
मगर समुंदर से जुदा होकर नही
समुंदर के संग ही तो उनकी
रहने की आदत सी होती है
दिल भी कुछ ऐसी सी ही कश्मकश में होता है
जाना चाहता बहुत दूर है
लेकिन अकेले रह नही सकता क्योंकि
इसे भी तो महफिल में रहने की आदत सी होती है।।
स्वरचित
पूजा आनंद

20. ये टेड़ा मेडा सा सफर है

अपनो से लग रहा अपनो को डर है
न जाने आया ये कैसा मंजर है
जिसे देखो वही किसी उलझन में जी रहा
न चैन बाहर और न घर के अंदर है
कुछ समझ न आ रहा क्या ये चल रहा
हर कोई बस एक उधेड़बुन में मगर है
एक अदृश्य से प्राणी ने ख़ौफ़ इतना फैला दिया
कम दृश्य जीवो का सबको लगता आज डर है
हर किसी के मन मे बस अब यही एक सवाल है
कब एक सपाट सा रास्ता होगा और खत्म होगा जो आज
ये टेड़ा मेडा सा सफर है।।
स्वरचित
पूजा आनंद

21. औरत

तूने देखी ये दुनिया जिसकी बदौलत, वो औरत ही तो है
जिसने तुझे अपने अंदर भी रखा करके महफ़ूज़ , वो औरत ही तो है
तुझे पैदा करने का जिसने दर्द सहा, वो औरत ही तो है
कई राते जाग कर जिसने तुझे सुलाया, वो औरत ही तो है
तेरे हंसने पर जो खिलखलाई और
तेरे रोने पर जिसकी आंख भर आयी, वो औरत ही तो है
जिसने तेरी सुनी बाजू पर राखी सजाई वो औरत ही तो है
जिसने तेरे संग अपनी जिंदगी बितायी ,वो औरत ही तो है
और तेरी अर्धांगिनी कहलाई , वो औरत ही तो हैं
पर तुममें से कुछ की वजह से जिसकी आँख भर आयी
हंसती खेलती दुनिया में उदासी छाई,वो औरत ही तो है
काश एक औरत में तूने बस एक औरत को ही न देखा होता
तुझसे भी ज्यादा मजबूत है जो शक्ति ,काश उसे देखा होता।।
स्वरचित
पूजा आनंद

22. माँ

मैंने देखा हैं कुछ बेटों को अपनी माँ को सिखाते हुए
बच्चों को कैसे पाला जाता हैं अपनी माँ को बताते हुए
माँ कुछ भी ऐसा वैसा मेरे बच्चों को खिलाओ मत
माँ अपनी ये भाषा मेरे बच्चों को सिखाओ मत
माँ इनको इस जमीन की मिट्टी पर बिठाओ मत
माँ अपना ज्यादा लाड़ इन पर जताओं मत
शायद भूल जाते हैं ऐसे बेटे कि तुमको भी तो पाला इसी माँ ने है
जब जब तुम गिरे तुम्हे सम्भाला इसी माँ ने है
आज कैसे ये वो पालन पोषण भूल सकती है
तुम्हें ऊंचाइयों पे चढ़ाया इसी माँ ने है।।

स्वरचित

पूजा आनंद

23. मैं आईना हूँ

दुनिया के बदलते रंगों को देख रहा हूँ
हर दिन बदलते लम्हों को देख रहा हूँ
जिंदगी गुजरती जा रही हर दिन हर पल
हर दिन बदलते मंज़र को देख रहा हूँ
मैंने देखा तेरा बचपन मस्ताना सा
और देखी तेरी चहकती जवानी भी
आज तेरे चेहरे पर पड़ी झुर्रियो को देख रहा हूँ
मैंने देखा तुझे और तेरे अपनो को
और तेरी आँखों मे सजे सपनो को
आज मैं तेरे कुछ पूरे हुए और
कुछ अधूरे सपनो को देख रहा हूँ
मैं आईना हूँ और जो तेरा अक्ष खुद में देख रहा हूँ।।
स्वरचित
पूजा आनंद

24. मोह माया

जिंदगी ने दिखलाये रंग कई
हमने भी बदले ढंग कई
तब जाकर समझ मे आया है
ये सब तो एक मोह माया है
चिंता फिक्र के चक्रव्यूह
कुछ इस तरह फँसाते है
जो चलते थे साथ कभी
वो मीलो पीछे रह जाते है
उम्र के अंतिम पड़ाव पर
ये बात समझ मे आती है
जो जोड़ी दौलत उम्र भर
वो साथ किसी के न जाती हैं।।
स्वरचित
पूजा आनंद

25. सर्दी की सर्द हवाएं

सर्दी की सर्द हवाएं और उस पर कोहरे की चादर
कितने रंग इस प्रकृति के,बताती है ये आकर
कम्पकम्पाती,ठिठुरती,सहम सी जाती,रुक सी जाती है
मानो इस पल में जीवन की रफ्तार
बढ़ती उम्र पर तो और ही ज्यादा इतराती,ये अपना कहर दिखाकर
गर्मी और सर्दी का फर्क सूरज की धूप समझाती
गर्मी में जो चुभन है देती,सर्दी में वही बचाती शीत हवा से आकर
मगर कभी कभी मैं सोचा करती,उन लोगो का क्या होता होगा
जिनके सिर पर छत नही
हम तो दुबक कर बैठ जाते घरो में
रखता कौन उन्हें है सलामत, ऐसी सर्दी से बचाकर।।
स्वरचित
पूजा आनंद

26. कलम

शुक्र है खुदा के उस बन्दे का जिसने ये कलम बनाई
जिसने खामोशी को जुबां दी
गर ये न होती तो कैसे बयां करते लोग अपनी कहानी
अपने दर्द ,अपनी खुशियां,अपना प्यार और इजहार
इस कलम ने ही तो कुछ रिश्तो को जान दी।।
स्वरचित
पूजा आनंद

27. दो राहे

जब राहे दो हो और चुनना किसी एक को हो
तो एक अजीब सी कश्मकश होती है
क्या सही क्या होगा गलत
यही एक उलझन सी होती है
तय हो जाता है पहले से ही कि
मिलना क्या है जिंदगी में आपको
मगर फिर भी न जाने क्यू
उस वक्त फैसला लेने में
रूह ए दिल बेबस सी होती है।।
स्वरचित
पूजा आनंद

28. बारिश

हवाओं के रुख का बदलना
सिर्फ तूफ़ान नही होता
हो सकता है कही से बारिश
के आने की खबर हो
दर्द की गर्म हवाओ
में बीत रहे थे जो दिन
हो सकता है उस दर्द से राहत
पाने की खबर हो।।
स्वरचित
पूजा आनंद

29. दिल के ख्वाब

मौसम के मिजाज अब बदलने लगे है
दिल के ख्वाब अब मचलने लगे हैं
बदलाव होना भी जरूरी है
शायद ये भी एक मज़बूरी है
गर एक जैसा सब रहेगा
और कुछ बदलेगा नही
तो प्रकृति का नियम
पूर्ण होगा नही
इसीलिए आप भी बदलो
और बदलो दिन अपने
पूरे करो जो दिल मे है
छुपे कही न कही सपने।।
स्वरचित
पूजा आनंद

30. फुरसत

फुरसत नही है पास किसी के
जो पहले हुआ करती थी
गर गलती से कही मिल भी जाये
तो उस फुरसत को भी हम
फुरसत से जी पाते नही
हजारो चिंताओ ने घेर रखा है आज हमें
फुरसत इतनी भी नही कि
कितनी चिंताए कम हुई ये देख ले कभी
पता सब को हैं कि आने वाला कल
आकर चला भी जाएगा
फिर भी उस कल की सोच में
बीत जाते फुरसत के पल सभी।।
स्वरचित
पूजा आनंद

31. जुबां

कुछ लब्ज जुबां पर आते आते रह जाते है
कयूँ डरता है दिल कुछ भी बयां करने से
शायद ये बहुत कमजोर सा है
बस डरता नही यूहीं घुट घुट के मरने से
ताँ उम्र खवाहिशो को दबाये अपने भीतर ही रखा
डरता रहा किसी को भी रुसवाँ करने से
क्या खवाहिशो के दबने का सिलसिला यूहीं चलता रहेगा
क्या उस महफिल का मजा होगा खुद को तन्हा करने से
अब अगले जन्म मे ही शायद मिल पाऐ दिल को मोका
इस जन्म तो डरती रही दिल की बात को जाहिर जुबां करने से
बहुत से लोग ऐसे हैं जो कुछ भी ब्याँ कर नही पाते
मजबूर से होते है बस दिल के दरिया भरने से।।

स्वरचित

पूजा आनंद

32. उलझन

कुछ उलझनों से बाहर निकलना आसान नही होता
पास एक छोटी सी दूनिया होती है, साथ पूरा जहाँ नही होता
उस पल मे खुद को अकेला ना समझो
चलना ही पडेगा, साथ हमेशा कारवाँ नहीं होता
अकेले चल कर ही कुछ लोग निकल गए बहुत आगे तक
रोशनी भी मिलेगी, हमेशा अँधेरे का समा नही होता
कब तक ढुँढोगे तुम सहारा
कोई ऐसी जगह नही, जहाँ खुदा नहीं होता।।
स्वरचित
पूजा आनंद

33. जिंदगी के सफर

कुछ ऐसे भी पल जिंदगी में आते हैं
जब लगता है कि सब कुछ मिल गया हो आप को
जिस खुशी की तलाश में आप बरसो से थे
वो पल शायद मिल गया हो आपको
कभी कभी एक बड़ा सा बदलाव जीवन मे आता है
तो लगता है कि आप अकेले थे और कोई ले गया
खींचकर महफ़िल में आपको
ख्वाहिशें बहुत थी दिल में मगर जाहिर कर न पाए
पर कुछ ऐसा हुआ कि कोई सुनने वाला मिल गया आपको
जिंदगी के सफर में बहुत उतार चढाव आते हैं
पर इस सुनहरे पल में लगता है कि जैसे ठहराव मिल गया हो आपको।।
स्वरचित
पूजा आनंद

34. जख्म

न जाने कब तक
आसमान तक पहुंच गए हैं मगर
धरा अपनी न बचा पाए हम
जिसके ऊपर जली कुछ चिता बनकर
और कुछ को दफना आये हम
कितनी ही मासूम सी परिया मार दी जाती हैं
कभी निर्भया, कभी मनीषा इन दरिंदों के आगे
बस हार सी जाती हैं
न जाने अभी कब तक यही सिलसिला चलता रहेगा
न जाने और अभी कितनी सांसो को रुकना पड़ेगा
उठा लेंगे हम जलती शमा हाथो में अपने
और निकल पड़ेंगे एकजुट होकर सब
मगर कुछ दिन का ही ये सफर होगा
और फिर से भूल जाएंगे हम सब
जब तक फिर कोई जख्म हरा होगा।।
स्वरचित
पूजा आनंद

35. जिंदगी

जिंदगी की भागदौड़ में जा रहे हैं दौड़े हम ,
सब कुछ पा ले और कुछ भी ना छोड़े हम
छोटी सी ये जिंदगी है, मगर पाना बहुत कुछ है
जो औरो के पास है शायद वही सब कुछ है
इच्छाये इंसान की कभी पूरी हो नही सकती
मंजिल तक की जो दूरी है वो पूरी हो नही सकती
जो मिल गया वो कम है और जो नही मिला उसी में दम है
अच्छी पढ़ाई अच्छी लिखाई
अच्छी हो जाये बस कमाई
अच्छा जीवन साथी मिल जाये
बच्चों से आँगन खिल जाए
बच्चे भी कुछ पढ़ लिख जाए
उनकी खुशियां हमे दिख जाए
यमराज को करना होगा थोड़ा इंतजार
पोतो को भी तो देना है प्यार
जीवन की हर सुविधा हो
दूर रहे जो दुविधा हो
'ये' मिल जाये तो सब मिल जाये
गर 'वो' मिल जाये तो जीवन खिल जाए
जिंदगी बीता देते है हम
'इस' और 'उस' की तलाश में

गुजर जाती है उम्र सारी
बस एक शब्द 'काश ' में।।
स्वरचित
पूजा आनंद

36. मुस्कुराइए जनाब

मुस्कुराइए जनाब जिंदगी मिलनी न बार बार हैं
मुस्कुराइए जनाब क्योंकि रोने से कहां मिलता करार है
मुस्कराए जनाब चाहे छुपे हजारों आंसू हो उसके पीछे
आंसू पोंछने वाले नहीं मिलेंगे यहां
खुशियों में साथ चलने वालों की भरमार है
मुस्कराए जनाब पता नही कब रुखसत होना पड़े
पैदा रोते हुए ही होना तो, हर बार हैं।।
स्वरचित
पूजा आनंद

37. हंसते पल

कहां मिला कहां गुम हो गया
ये बीता पल कहां गया
पता भी न चला
कुछ ऐसा हो की देख पाऊं
मैं जाते पलो को
क्या खोया और कब मुझे क्या मिला
सहेज लूं हंसते पलो को
और रोएं से पल छोड़ दूं
काश शुरू हो कुछ ऐसा ही सिलसिला।।
स्वरचित
पूजा आनंद

38. दीवार

बदनाम होती हूँ मैं हमेशा क्योंकि
लोग यही कहते है कि धीरे बोलो,
दीवारों के भी कान होते हैं
मगर ऐसा बोलने वाले कई अनकही सी बातों
से अनजान होते हैं
अगर मैं हूँ तभी घर बना तुम्हारा है
जब-जब तुम थके ,तो मैने तुम्हें दिया सहारा हैं
अगर मैं हूँ तभी तुम अपने घर को सँवार पाएं
मुझ पर ही तुमने अपनी यादो के चित्र है लटकाए
मैं हूँ तभी तुम्हारे घर मे झरोखा भी हैं
जिससे बाहर झाँकने का अहसास अनोखा ही हैं
मेरे ही सहारें तुम्हारे घर की कई चीजें टिकी है
तुम्हें वक्त का अहसास कराने वाली घडी
मुझ पर ही टिकी है
मैं हूँ तो तुम छुपा पाए अपने कई राज
मुझ पर तो होना चाहिए तुम्हें कुछ नाज
पूछो कभी उनसे जिनके चारों तरफ दीवारें नहीं है
वो एक ऐसे समुद्र मे हैं जिसके किनारे नही हैं
स्वरचित
पूजा आनंद

39. ये पता भी नही चलता

जिंदगी कब जाती हैं बदल, ये पता भी नहीं चलता
कब हो जाती है हलचल , ये पता भी नहीं चलता
कुछ ऐसा हो जाता है जो हमने सोचा भी नही था
और कब सोच हमारी जाती है बदल , ये पता भी नही चलता
कभी चाह से कम ही मिलने की उम्मीद होती है
और कभी चाहतों से बढ़कर ही जाता है कुछ मिल
ये पता भी नही चलता
कभी लगता है कि मंजिल बहुत दूर है ऐ दोस्त
तो कभी चल कर खुद ही पास आ जाती मंजिल,
ये पता भी नहीं चलता।।
स्वरचित
पूजा आनंद

40. समुन्दर

इच्छाये समुन्दर में उठती लहरो की तरह होती है
कभी तो अपने पूरे उफ़ान पर होती है
तो कभी दिल के किसी कोने में
चुपके से दबी होती है।।
स्वरचित
पूजा आनंद

www.ingramcontent.com/pod-product-compliance
Lightning Source LLC
LaVergne TN
LVHW041715060526
838201LV00043B/749
* 9 7 9 8 8 8 8 1 5 5 8 3 7 *